I0150211

SOUVENIRS DE VACANCES.

NAPLES

ROME, FLORENCE

EN 1853:

PAR H. D.

SENLIS

IMPRIMERIE DE CHARLES DURIEZ.

1854

NAPLES, ROME, FLORENCE.

NAPLES

ROME, FLORENCE

EN 1853;

PAR H. D.

SENLIS

IMPRIMERIE DE CHARLES DUBIEZ.

—

1854

NAPLES, ROME, FLORENCE.

NAPLES.

Marseille, 28 août 1853.

De Paris à Marseille, le trajet se fait par la vapeur sans interruption.

Partis de Paris le 25 août, à huit heures du soir, nous étions à Marseille le 27, à la même heure : bientôt ce voyage se fera en vingt-quatre heures.

L'entrée de Lyon par la Saône est remarquable.

Le Rhône, que l'on descend jusqu'à Avignon, offre des beautés comparables à celles du Rhin.

J'ai admiré le fleuve devant Viviers, lorsqu'il coule entre les montagnes abruptes de l'Ardèche et les dernières pentes de la chaîne des Alpes : le mont Ventoux se dresse au fond du tableau en digne enfant de la grande famille alpestre.

Le Rhône traverse des villes importantes.

J'aurais bien envie de vanter l'aspect imposant du château des papes à Avignon ; mais je m'incline devant l'anathème de Pétrarque, maudissant les successeurs de saint Pierre d'avoir préféré *à la reine du monde une hideuse cité des Gaules.*

Que dire de Marseille ? Les Marseillais possèdent un port admirable, que leur intelligente activité, jointe à des circonstances favorables, a placé au premier rang parmi les ports du monde entier ; ils sont les héritiers des Vénitiens, des Génois, des Pisans du moyen-âge.

Mais, au lieu de s'en tenir à ces avantages et d'y trouver un juste sujet d'orgueil, ils s'amusent *à jouer à la capitale*, et ils se livrent à cet égard aux exagé- rations les plus méridionales.

La vue de la Canebière, rapprochée du souvenir de l'hyperbole si connue, fait pitié.

On a érigé, sur un point élevé de la ville, un arc de triomphe qui est sans doute destiné à faire oublier celui de l'Étoile, et qui est en effet en dehors de toute com- paraison ! C'est un chef-d'œuvre.... de mauvais goût.

Une statue a été élevée sur une promenade voisine à M. de Belzunce, ce vénérable prélat qui a déployé un courageux dévouement durant la peste de 1720.

Le piédestal dit le nom du maire, le nom de l'évêque et le nom du préfet sous l'administration desquels le monument a été érigé : j'ai vainement cherché le nom du sculpteur ; il figurera sans doute au bas du prochain mandement de Monseigneur ou des arrêtés de mes- sieurs ses co-dignitaires.

Naples, Samedi 5 eptembre.

Nous avons quitté Marseille le 29 août par le bateau à vapeur l'*Hellespont*.

Sur un bâtiment affecté au transport des voyageurs et aménagé à cet usage, la vie de mer est une vie char- mante, pourvu qu'elle ne soit pas troublée par ce ter- rible mal dont on rit tant et qui fait tant souffrir.

Toutes les heures sont remplies par ce grand drame que la nature joue chaque jour à notre profit, et que les banalités de notre vie fiévreuse et les pignons de nos rues nous font dédaigneusement oublier.

Le lever du soleil, illumination féerique, son ascen- sion vers le zénith, son coucher, gigantesque incendie, les douces lueurs de la lune émaillant la masse liquide d'un reflet argenté, les myriades d'étoiles, mystérieux et sublimes soleils de mondes inconnus, tels sont les accidents qui s'offrent à la contemplation du voyageur.

Qu'on ajoute le vol des oiseaux de mer, l'apparition des îles et des côtes dans les lointains de l'horizon, les ébats des marsouins, le passage des navires, les variations du vent, la course des nuages, les manœuvres et le chant des matelots, et l'on comprendra qu'une traversée de quelques jours sous le ciel de la Méditerranée est féconde en émotions et en souvenirs.

Notre personnel offrait une grande variété d'origines, de langages et d'habitudes.

Français, Anglais, Américains, Allemands, Russes, Italiens, négociants du Levant, c'était un caravansérail de toutes les nations.

La raideur des premières relations s'amollit comme une cire au soleil d'Italie, et bientôt la plus gracieuse cordialité régna sur le pont du navire.

Le 30 août, nous touchions Gênes, et la journée nous fut laissée pour visiter cette ville célèbre.

La situation de Gênes, au pied des Apennins, en face de la mer, est des plus pittoresque.

L'intérieur de la ville n'est pas moins remarquable.

J'ai été surpris de la grandeur et du luxe de ces palais de marchands, chargés des dépouilles opimes du Levant.

Le lendemain, nous prenions terre à Livourne, et une circonstance accidentelle nous donnant deux jours de relâche, nous en usâmes pour visiter en passant Pise et Lucques, qu'un chemin de fer récent relie au port de Livourne.

La campagne au milieu de laquelle sont assises ces deux villes est délicieuse; c'est la culture de la Lombardie, avec ses irrigations savantes; c'est de plus l'aspect de la Suisse, avec un soleil plus doux et des montagnes plus verdoyantes.

En voyant la cathédrale de Lucques, j'ai compris pour la première fois que la grandeur et la majesté des édifices religieux n'était pas le partage exclusif du style dit ogival, et j'ai pressenti Saint-Pierre de Rome.

Les monuments de Pise, son Campo-Santo, son Baptistère, sa Cathédrale, sa Tour penchée sont admirables.

Mais il est un souvenir qui se lie à l'histoire de ces édifices et forme leur plus beau titre de gloire :

En 1564, naissait à Pise un enfant qui, dès ses jeunes années, montrait un esprit pénétrant et observateur.

Il gravissait parfois le rapide escalier qui mène au faîte de la tour, et il s'amusait à jeter, de ce point élevé, des pierres auxquelles l'inclinaison du monument donnait un libre essor dans le vide.

Un jour, notre enfant observa le mouvement *uniformément accéléré* qui précipitait ces pierres vers le sol, et la loi de la gravitation des corps fut trouvée.

Un autre jour, c'était grande fête à Pise; les portes de la cathédrale, ces belles portes de bronze sculptées par le génie de Jean de Bologne, s'étaient ouvertes pour recevoir les flots des fidèles.

Aux agitations imprimées par l'air extérieur et par les ondulations de la foule, la lampe suspendue aux voûtes de l'église oscilla, et cette oscillation dura longtemps après que sa cause eut cessée; l'enfant remarqua ce mouvement *indéfiniment prolongé*, et la loi du *pendule* fut trouvée.

Enfin, sous ce beau ciel de Pise, au centre de cet horizon sans brumes, du haut de cette tour solitaire, notre héros se mit à contempler des nuits entières la rotation des astres, leurs évolutions et leurs éclipses, et, un jour, il s'écria, dans un élan de sublime orgueil : Eh! oui, la terre tourne !

Cette fois, la découverte fit du bruit, tant et si bien, que Galilée (car c'était lui) dût comparaître devant le tribunal de la Sainte Inquisition, et paya de neuf années de cachot le tort incontestable de s'être mis, sans le savoir, en désaccord avec Josué à propos du soleil.

Le martyre de Galilée a été aussi profitable à l'humanité que ses découvertes même.

Tant que l'Inquisition a brûlé des sectaires et des philosophes, on a pu prétendre que son bras était armé pour la *vérité morale et religieuse*; mais du jour où elle a mis la main sur le soleil, où elle a condamné dans Galilée la création elle-même, de ce jour, elle s'est suicidée, et, avec elle, elle a tué, sinon dans le fait, au moins dans le droit, l'intolérance religieuse.

Après Livourne, le paquebot d'Italie arrive à la hauteur des États Romains, et il relâche à Civita-Vecchia, ville dénuée de toute espèce d'intérêt.

Mais bientôt la vapeur reprend sa course, et voici la terre classique, la terre de Virgile et d'Homère qui s'offre à nos regards.

Ce point culminant, c'est le *Monte Circeo*, près duquel l'enchanteresse fit subir aux compagnons d'Ulysse une si triste métamorphose; ce promontoire, c'est Gaëte, qui doit son nom à la nourrice d'Enée :

Tu quoque littoribus nostris, Æneïa nutrix.
Æternam moriens famam, Caïeta, dedisti (*).

Le 2 septembre, la chaleur avait été extrême; les cabines du bâteau étaient des foyers brûlants.

Je m'étais enveloppé dans mon manteau et je sommeillais sur le pont par une de ces nuits quasi-tropicales inconnues à notre climat de France.

J'entends une voix qui crie : L'entrée du golfe ! et j'aperçois à ma droite et à ma gauche des phares qui pâlissent aux premières lueurs du jour naissant.

(*) Toi aussi, Caïete, nourrice d'Énée, tu as donné par ta mort un éternel renom à nos rivages.

1.

D'un côté, c'étaient les îles d'Ischia et de Procida ; de l'autre, la terre où fut Cumes, la cité grecque :

> Et tandem Euboïcis Cumarum allabitur oris(*).

puis le cap Misène, autre sépulture poétique :

> At pius Æneas ingenti mole sepulchrum
> imponit . . . .
> monte sub aërio qui nunc Misenum ab illo
> dicitur, æternumque tenet per secula nomen (**).

Devant moi, un mont s'élevait, haut de stature, sombre de teinte, harmonieux de contours : c'était le Vésuve.

Le soleil se levait sur son formidable cratère.

Quelques instants après, nous entrions dans cette admirable enceinte qui s'étend, à travers des flots d'azur, de Sorrente à Baïa et de Naples à Caprée : spectacle indescriptible, et que le cœur ni les yeux ne peuvent jamais oublier !

Lundi, 5 septembre.

Voici l'emploi de ma journée :

Je suis entré en ville par la porte d'Herculanum en suivant la voie Domitienne; je me suis promené dans la rue de la Fortune et dans celle de Mercure; j'ai visité les maisons de Pansa, de Salluste, de Cecilius Capella et la villa de Diomède; j'ai salué en passant la basilique et la curie des duumvirs; j'ai admiré les temples et les portiques qui entourent le Forum, puis je suis sorti par la porte Marine.... est-ce un rêve? suis-je privé de ma raison?.... non! j'ai visité Pompéi.

(*) Enfin on aborde aux rivages de Cumes, fille d'Eubée.

(**) Le pieux Énée dresse en l'honneur de Misène un vaste tombeau, au pied d'un mont élevé qui reçoit le nom du héros pour le conserver à travers les siècles.

Quel étrange! quel prodigieux spectacle! Il y a une heure, je me levais à Naples, au XIXe siècle, au-dessous de la Chartreuse de Saint-Martin, en vue des canons de Sa Majesté Sicilienne! En ce moment je vis sous Titus, en l'an 832 de la fondation de Rome, sous la protection des Édiles! Un instant m'a suffi pour accomplir ce voyage de dix-huit siècles.

La visite à Pompéi était, dans mes prévisions, un des points les plus intéressants de mon voyage : la réalité a dépassé l'attente.

Il y a cent ans, la vie privée des Romains était livrée aux disputes des antiquaires : un jour, des paysans, en défonçant une vigne, découvrent un fût de colonne, puis un autre; les savants arrivent; les fouilles s'organisent; la ville fossile livre ses secrets et ses richesses : voici les textes expliqués, la civilisation romaine dévoilée, la vie toute entière du plus grand peuple qui fût au monde touchée du doigt et vue de l'œil, à deux mille ans de distance !

Je ne redirai pas les monuments publics que j'ai parcourus, les temples, les thermes, les basiliques, les forums, les théâtres : tous ces objets ont été minutieusement décrits.

Je ne détaillerai pas non plus la composition savante et correcte des maisons romaines; pour la vie extérieure, le *vestibule* précédant l'*atrium* ; le *tablinum*, salon de réception avec ses salles d'attente; puis, pour la vie intime de la famille, le *péristyle*, les *cubicula*, le *pinacothèque*, le *triclinium*, et dans le fond l'élégant *viridarium*.

Le luxe de ces habitations est admirable : partout, à l'intérieur comme à l'extérieur, des peintures remarquables par la correction du dessin et la grâce de la composition ; partout des mosaïques, des colonnes, des statues; partout le marbre, le porphyre, le bronze; partout les matières les plus précieuses transformées en chefs-d'œuvre de l'art.

Au fur et mesure des fouilles effectuées, on enlève, pour les transporter au Musée de Naples, tous les objets d'ameublement, d'art et d'industrie.

La visite du Musée est donc le complément nécessaire de la visite des ruines.

La collection est abondante et variée : elle comprend peintures, statues en marbre et en bronze, bas-reliefs, vases, ornements, pierres gravées, objets et produits usuels de diverses natures.

Les arabesques de Pompéi sont devenues les modèles du genre, et ont été copiées par toute l'Europe.

J'ai été fort surpris de trouver là un emploi de l'art de peindre que je croyais moderne ; c'est la caricature : de charmants petits sujets, pétillants de malice, m'ont rappelé le salon des singes de Vatteau, à Chantilly ; entr'autres une cigale qui conduit un char, et un perroquet qui le traîne, représentent le mélomane Néron et le prolixe Sénèque.

La plupart des mosaïques sont restées sur place, et forment le pavé des habitations.

Quelques autres ont été transportées au Musée, et parmi celles-ci on distingue le grand morceau de la bataille du Granique.

Il est impossible d'imaginer la beauté d'ordonnance, l'exactitude de dessin et surtout la richesse de coloris de ce prodigieux travail qui a été découvert en 1731 dans la maison du Faune, à Pompéi.

Les produits de la mosaïque moderne n'ont rien de comparable.

Un art plus élevé, la statuaire, est sorti avec toute sa splendeur des fouilles des villes ensevelies par le Vésuve.

L'*Aristide*, le *Satyre à l'enfant*, les statues équestres des *Balbus*, sculptures en marbre, le *Platon*, le *Mercure*, le *Faune dormant*, le *Faune dansant*, et surtout le *Faune ivre*, sculptures en bronze, sont comparables aux plus célèbres ouvrages de l'antiquité.

Nous passons aux objets usuels, et nous retrouvons

encore des œuvres du goût le plus pur et du travail le plus délicat.

Les verres, les terres cuites, les bronzes, reproduisent, sous des formes multiples, les ustensiles nécessaires à la vie.

La batterie de cuisine est au complet ; les instruments aratoires, les armures, les instruments de chirurgie, les ornements de toilette, offrent mille détails qui excitent la surprise et captivent l'attention au plus haut degré.

Il faut bien que notre orgueil industriel s'humilie : le XIXe siècle n'a pas même inventé les fourneaux économiques ; le Musée de Naples en offre des spécimens très curieux.

Sa collection de bijoux est merveilleuse : bracelets, colliers, pendants d'oreilles, bagues, vases en argent sculptés, statuettes de même métal, tasses en sardoine oriental, pierres gravées, forment un ensemble éblouissant.

Les candélabres, les trépieds, les sièges, les lits, les coupes, sont ravissants de forme et de ciselure.

Ce qui m'a le plus étonné dans cet examen des villes ensevelies, c'est leur état parfait de conservation, et en quelque sorte leur air de jeunesse.

Pompéi a, sous ce rapport, un attrait tout particulier.

Cette ville était assise sur une éminence qui dominait les faubourgs, la campagne et la mer.

Rien n'est changé à cette situation pittoresque.

Je m'attendais, en approchant de son enceinte, à descendre dans des excavations semblables à celles d'une carrière.

Erreur ! on gravit une pente qui mène à l'entrée de la ville ; on franchit une porte parfaitement conservée, et l'on circule à ciel ouvert dans des rues et sur des places bordées d'édifices non interrompus ; on voit sur les murs les enseignes peintes des marchands, on aperçoit leurs appareils disposés pour la fabrication et la vente, comptoirs de liquoristes, cuves de teinturiers, fours de boulangers, etc., etc.; on lit aux carrefours les affiches qui annoncent les jeux offerts au peuple par les Édiles; les roues des chars sont empreintes sur les dalles; des inscriptions satiriques tracées au charbon de distance en distance prouvent que le *gamin de Paris* a eu ses précurseurs.

Non, cette ville n'est pas inhabitée; ses habitants sont en ce moment réunis aux jeux de l'amphithéâtre ou dans l'enceinte du Forum; au prochain carrefour la foule va se montrer.... telle est l'illusion que fait éprouver une promenade à Pompéi.

Au Musée, la surprise est égale.

On a réuni dans une salle divers objets d'une nature éphémère, que la lave destructive a respectés : ainsi, des morceaux de pains, des olives, des grains, des savons, des fragments d'étoffes, des couleurs, le crâne d'un soldat dans le casque qu'il portait, des morceaux de cendres calcinées portant les empreintes de corps humains, etc., etc. : il faut tout dire; on montre aussi des poids faux et des dés pipés.

Si, en parcourant ces salles merveilleuses où les dépouilles de Pompéi, Herculanum, Stabie, Nocéra, brillent d'un si vif éclat, on se souvient que ces villes étaient d'une importance très secondaire; que Pompéi, la plus considérable de toutes, renfermait au plus 20 mille habitants obscurs, adonnés au commerce des vins; que ces villes avaient été dévastées à une époque rapprochée de l'éruption de 79, par la guerre civile et les tremblements de terre, on se demande avec stupéfaction quelle devait être la magnificence de cette civilisation antique, au sein de la grande ville, dans les palais habités par les maîtres du monde, dans les temples, les théâtres, les basiliques, les forums consacrés aux réunions du peuple roi !

Il faut bien reconnaître, toutefois, que les œuvres des Grecs et des Romains avaient leurs imperfections.

J'ai été frappé du contraste qui existe entre l'intime raffinement de leurs meubles usuels et leur insuffisance pour les commodités journalières de la vie.

Dans tous les détails de leur installation privée, on rencontre l'alliance du *luxe* et de la *gêne*, de l'*apparat* et de l'*incommodité*.

Longtemps les Romains ont eu la laine sur la peau : pas de chemises, pas de corsets, pas de bas, pas de culottes, pas de boutons.

Que d'objets qui nous paraissent indispensables aujourd'hui et qui manquaient alors !

Ni horloges, ni montres pour marquer les heures ; ni chandelles, ni bougies, ni quinquets pour les éclairer ; des maisons petites et basses, sans vitres, sans cheminées et sans serrures.

La gastronomie tant vantée des Romains s'attachait plutôt à la rareté qu'à la qualité des mets.

Je doute fort que les jeunes chiens, les hérissons, les paons, les loirs, les larves d'insectes, les talons de chameaux et le riz aux perles, soient des mets bien regrettables.

La soie, le coton, n'existaient pas.

La tapisserie et l'ébénisterie sont des arts tout modernes : un siège de marbre, c'était bien beau ; mais bien dur !

Et les véhicules ! d'affreuses voitures, très pittoresques, mais non suspendues, de vraies charrettes à roues basses et sur un seul essieu ! jusque sur le char de triomphe, la gloire avait ses cahots.

Comment s'étonner de ces imperfections ?

Les hommes libres méprisaient les arts mécaniques ; les esclaves seuls s'y adonnaient : or, l'esclave travaille ; mais il n'invente pas ; pour qui et pourquoi inventerait-il ?

Plutarque rappelle que Platon reprochait à la mécanique *de corrompre la géométrie, en la faisant passer, comme une esclave fugitive, de l'étude des choses incorporelles à celle des objets qui tombent sous les sens*, et qu'Archimède lui-même tenait ses machines pour *des inventions sans valeur*, et ne les avait exécutées que pour céder aux instances du roi Hiéron.

Les temps sont bien changés.

Que dirait Platon s'il voyait les appareils d'Indret et de Fourchambault.

Quant à Archimède, il serait ingénieur en chef du chemin de fer de Paris à Pékin, et marcherait l'égal des puissants de la terre.

La civilisation antique était une civilisation privilégiée et exceptionnelle.

Les moyens de fabrication et de transport, grossiers et lents par eux-mêmes, étaient exclusivement appliqués aux productions du luxe.

A l'évènement d'Auguste, à côté de quatre cent mille citoyens, absorbant toutes les richesses, occupant tous les bras, il y avait quatre-vingt millions de tributaires et d'esclaves nus.

Ce qui distingue la civilisation moderne et fait sa force, c'est qu'elle est universelle : elle s'imbibe à toutes les trames du tissu social ; elle s'accommode à toutes les latitudes et s'adapte à tous les climats.

Dans les temps anciens, l'art et l'industrie étaient purement méridionales ; c'était la civilisation du soleil : de là la pression des peuples du Nord qui, nus et affamés, se précipitaient vers un luxe dont la lueur lointaine les éblouissait et ne les réchauffait pas.

Aujourd'hui la civilisation, en allant aux barbares, acquitte la rançon du midi.

Les calorifères de St-Pétersbourg feront plus pour la sécurité de l'Europe que les flottes de Besika.

Enfin, quand de nos jours, le génie de l'homme se révèle par une grande pensée ou une féconde découverte, un art sublime s'en empare pour la répandre aux extrémités du monde, et la déposer dans les archives inaltérables de la science, assurant ainsi au tra-

vail de l'intelligence perpétuité dans le temps, uni-
versalité dans l'espace.

Telles sont les réflexions à l'aide desquelles je me
plais, en présence des ruines du passé, à rassurer mon
esprit contre les incertitudes de l'avenir.

Avant de quitter le Musée de Naples, rappelons qu'indépendamment des objets sortis des fouilles locales, il
possède de nombreux chefs-d'œuvre, dont les plus
remarquables proviennent de la famille Farnèse, et sont
passés aux souverains des Deux-Siciles par droit d'hé-
ritage : sous ce rapport, ce Musée n'est à vrai dire
qu'une annexe détachée des Musées de Rome.

On y remarque, parmi les sculptures, le fameux
Hercule, le groupe du *Taureau*, un *Apollon*, *Bacchus et l'Amour*, *Vénus et l'Amour*, un *Antinoüs*,
une *Junon*, une *Flore*, une *Psyché*, une *Agrippine
assise*, des bustes nombreux, des cratères, des sarcophages, des bas-reliefs sculptés ; parmi les peintures,
une *Madone* de Léonard de Vinci, un *Philippe II* du
Titien, le *Mariage de sainte Catherine* du Corrège,
la *Madone au lapin* du même, une *Descente de croix*
d'Annibal Carrache, une *Sainte-Famille* de Raphaël,
une *Danaé* du Titien, un *Silène ivre* de Ribera, un
saint Jérôme du même, une *Sainte-Famille* de Jules
Romain, etc., etc.

Mercredi, 7 septembre.

J'ai résisté aux premières impressions que m'a cau-
sées la visite des rues de Naples ; j'ai voulu revoir avant
d'écrire et j'ai bien fait.

Il y a dans Naples, pour un voyageur arrivant de
France, des choses qui veulent être jugées avec calme:
la vue, l'odorat, la raison, la délicatesse, tout ici a be-
soin de s'acclimater : ce sentiment d'orgueil sympathique qui constitue la *dignité humaine*, y éprouve
des révoltes étranges.

Puis...., est-ce influence du ciel, est-ce affaire d'habitude, est-ce résignation philosophique?..... on se fait à tout, et l'on trouve que le Napolitain est le plus amusant des êtres, et Naples la plus originale des villes.

Naples se compose pour l'étranger de la rue de Chiaïa, qui est le quartier de luxe; de la rue de Tolède, qui est le quartier marchand; de la rue del Porte et du quai Ste-Lucie, qui forment les quartiers populaires.

C'est ici surtout qu'il faut voir les Napolitains.

Les Napolitains ont des maisons; mais ils en usent fort peu; leur vie se passe au dehors.

Toutes les industries, tous les commerces sont bravement installés du matin au soir, le long des rues, sur deux files interminables, au milieu desquelles circule la cohue la plus étrange et la plus criarde qu'on puisse imaginer.

De distance en distance des fourneaux énormes préparent le macarone, les viandes grillées, les poissons du port, qui sont la nourriture habituelle du peuple.

Quelle variété de fruits aux couleurs brillantes! la tomate, le melon, la pastèque, le cocomero, la figue, le citron, l'orange, la grenade, etc.

Le soir, de cinq à sept heures, la rue del Porte et le quai Ste-Lucie offrent l'aspect le plus drôlatique : on court, on mange, on boit, et surtout l'on crie.

Il n'y a pas de gosier comparable à celui du Napolitain.

L'agitation des vendeurs et des acheteurs, les lumières qui éclairent les images de madones au fond des boutiques et aux carrefours des rues, les chants, les danses, le son des instruments nationaux, tout cela forme un spectacle extraordinaire.

Les véhicules qui circulent dans les rues ne contribuent pas peu à l'originalité du coup d'œil.

Les voitures et les harnais sont garnis d'ornements en cuivre, de pompons, de plumes, de fleurs qui leur donnent un air de fête.

Pendant que les chevaux transportent l'indigène et l'étranger aux quatre coins de la ville avec une vitesse plus que britannique, les lourds fardeaux, la pierre, l'eau, la charpente, sont traînés par d'énormes bœufs blancs dont le conducteur au teint brun se tient debout sur la barre de bois qui forme tout son édifice ambulant.

De longues files de mulets distribuent la farine aux boulangers et aux fabricants de macarone.

Les ânes fournissent, en qualité d'auxiliaires, leur contingent aux transports divers qui se font dans Naples, et ajoutent à la variété du tableau.

Tout ce bétail traînant est armé de formidables sonnettes qui retentissent sans relâche.

Le plus curieux de tous les véhicules napolitains, c'est sans contredit le corricolo, voiture *pour un* où l'on tient *jusqu'à quinze !* la gravure seule peut donner une idée de cette fabuleuse machine.

Le luxe des boutiques de Naples est fort modeste :

La forme cintrée des baies et l'absence de *devantures* les font ressembler à des antres de sybilles plutôt qu'à des étalages de marchands.

La profession de barbier et celle de chirurgien sont encore accouplées comme au temps de Figaro, et on lit sur la porte de ces d'établissements : *Perruchiere è salassatore per autorizatione*, perruquier et saigneur par autorisation.

Mais l'industriel le plus remarquable de Naples, c'est le marchand de limonade.

Ah ! qu'il laisse loin derrière lui le distributeur de *coco* de nos rues de Paris !

Le marchand de limonade tient boutique au coin de chaque rue, et cette boutique est d'une coquetterie charmante..

C'est un buffet surmonté de quatre colonnes et recouvert d'un baldaquin : sur ce buffet sont placés symétriquement des verres de toutes dimensions, des brocs en métal et des amas de citrons; le tout est orné de peintures éclatantes , de rubans et d'images : c'est l'établissement le plus suivi, le plus achalandé de tous les établissements de Naples.

N'oublions pas le roi des carrefours, il signor Pasqualoto , personnage populaire , que la romance a célébré et dont la gravure a reproduit les traits.

Il signor Pasqualoto chante en s'accompagnant du *putipu* : le *putipu* rend des sons analogues à ceux du tambourin, mais plus variés ; c'est une espèce de caisse, armée d'une tige que l'artiste fait manœuvrer à grand renfort de gestes drôlatiques.

Il y a bien quelques ombres au tableau vraiment gracieux que présentent les rues de cette ville singulière.

Ne cherchez pas la propreté dans Naples ; à chaque pas vous rencontrez des tas de fange indescriptibles ; dans les lieux les plus fréquentés, sur des places monumentales , l'odorat est affecté par d'étranges émanations.

Il y a dans la ville une industrie fort répandue, c'est l'élève des porcs ! ces aimables animaux se promènent librement dans les rues et y cherchent leur nourriture avec le raffinement de cynisme qui les distingue : après tout , c'est un moyen de débarrasser la voie publique d'une partie de ses ordures; les pluies d'orage font le reste de la besogne.

La pureté de l'atmosphère et du sol napolitains est telle, que, malgré cette fange horrible répandue sous les pas et sur les haillons de quatre cent cinquante mille habitants , jamais la moindre épidémie ne trouble la sécurité du séjour de cette ville.

L'éclairage marche de pair avec la vidange des rues ; il est à peu près nul : et il serait impossible de circuler dans la plupart des rues, si la dévotion locale ne suspendait des illuminations aux nombreuses images des carrefours et des boutiques.

A vrai dire, c'est la Madone, la vraie souveraine de Naples, qui en éclaire les rues.

Chose triste à dire ! la capitale du royaume est le siège d'un bagne ! et ce bagne est placé au pied de la résidence habituelle du roi, sous ses fenêtres; la même garde empêche l'évasion des condamnés et défend l'entrée du palais ! Ces forçats se répandent du matin au soir dans les chantiers de la ville, traversant les rues par douzaines, les fers aux mains, escortés de quelques soldats.

Naples est entourée de forteresses et hérissée de canons : forteresses et canons sont tournées contre la ville ; les casernes même sont armées d'artillerie ; on passe à tout instant sous le point de mire d'une gueule de bronze.

Le Napolitain ne s'émeut nullement de ces forçats, de ces canons, de ces forteresses et des Suisses qui les gardent.

Un peu de macarone et le sommeil, voilà son bonheur.

Quelle amusante créature ! il est vêtu . . . . , c'est prodigieux !

Une chemise ou un caleçon (rarement les deux ensemble) ! et quelle chemise ! ou quel caleçon ! si l'étoffe n'était allégée par quelques déchirures ou quelques lézardes, le lazzarone ne la supporterait pas.

Ainsi drapé, il dort sur le pavé, sur les dalles de portes, sur les appuis de fenêtres, sur les margelles de fontaines, et s'il ouvre l'œil au bruit d'un passant, c'est pour murmurer d'un ton dolent : *Un' macarone, signor !*

Toute demande d'un Napolitain se traduit par le mot *macarone;* c'est en effet son ambroisie, et il faut le voir engloutir, par une seule aspiration du gosier, l'énorme morceau de pâte jeté sur son assiette ou dans sa main.

Les rues de Naples sont aussi peuplées la nuit que le jour : on voit en rentrant le soir des groupes de membres humains, croisés et entremêlés dans le coin des rues : tout cela dort.

À midi le Napolitain dort encore : c'est sa seconde nuit et sa meilleure.

Il y dans chaque langue des mots significatifs : en italien *travail* se dit *fatica* ; ce mot a dû être inventé à Naples.

Ce qui m'a le plus blessé chez les Napolitains, c'est leur habitude de mendicité.

Ce défaut s'étend à toutes les classes de la société, et il est poussé à un cynisme révoltant.

Je ne parle pas de la mendicité par les mendiants : du plus ou moins elle existe dans tous les pays catholiques.

Mais ici... vous demandez votre chemin à un homme du peuple, il tend la main ; le douanier fouille votre malle, et tend la main ; l'officier de police visite votre passeport, et tend la main ; le gardien du palais ouvre la grille sur le vu de votre permission, et tend la main ; le soldat qui est de faction au pied du Vésuve pour la sûreté des touristes, tend la main ; le prêtre qui montre le trésor de saint Janvier dans la cathédrale tend la main.

L'exploitation des voyageurs est organisée ici avec un art remarquable.

Dans les palais, chaque quartier, chaque galerie, chaque grille a son gardien, j'allais dire son mendiant.

Dans les églises, il en est de même pour chaque chapelle.

Les tableaux de choix sont recouverts d'un rideau ; il faut payer pour que la toile se lève.

Un voyageur m'a raconté, qu'au moment où il venait de faire une emplette chez un marchand, un individu qui déjà avait fait l'officieux auprès de lui, s'était présenté et lui avait demandé la *bonne main* ; le voyageur s'informant des motifs de cette réclamation : « J'ai dit au marchand *une bonne parole* pour vous, » répondit le solliciteur.

Le Napolitain est très habile à graduer les révérences

et les adulations, suivant les exigeances de la situation.

Dans la conversation ordinaire, le touriste est traité par lui de *signor*; quand le moment de la *bonne main* arrive, il l'élève au titre d'*Excellenza*; dès que le compte est réglé, on redevient...... *signor*, comme devant.

Les Italiens ont une excuse, c'est leur misère.

L'étranger qui visite leurs ruines et leurs musées est l'objet du seul trafic qui les fasse vivre : ils ressemblent à ces riches déchus qui font métier des talents d'agrément qui avaient charmé leurs somptueux loisirs.

Il faut bien dire aussi que chez eux la mendicité est érigée en système et préconisée comme une vertu.

On rencontre à chaque pas dans Naples et aux environs des moines-mendiants, qui courent le pays, à pied ou à cheval, chargés d'un sac énorme, et ramassent les offrandes de porte en porte et aux étalages des marchés.

Naples renferme quelques édifices remarquables.

. Les intérieurs d'églises sont d'une grande magnificence, comme dans toute l'Italie.

Mon premier désir, en arrivant à Naples, a été d'embrasser d'un coup d'œil la vue de tout le golfe.

On m'a indiqué à cet effet un point culminant qui domine la villé; j'y suis monté.

A la porte d'un monument immense, un portier m'a reçu; il m'a conduit, à travers une cour d'une architecture délicieuse et d'une richesse admirable, à une terrasse d'où l'œil embrasse le plus merveilleux spectacle qu'il soit au monde. De là le guide m'a fait visiter une église, éblouissante, fantastique, incroyable, d'une richesse telle, que je n'ai jamais rien rencontré de pareil dans mes courses du Nord et du Midi : les murs sont en marbre, les pavés en mosaïque, les plafonds en or, les autels en émeraude, en agathe, en améthyste, en lapis lazulli; partout des sculptures admirables, partout des tableaux de maîtres, des *Guide*, des

Caravage, des *Ribéra*, etc.; des chefs-d'œuvre sur des chefs-d'œuvre; des millions sur des millions.

J'étais ébloui, émerveillé, stupéfait...... Je visitais un couvent de chartreux !

Jeudi, 8 septembre.

Le 8 septembre, jour de la Nativité de la Vierge, est pour Naples une solennité tout à la fois politique et religieuse.

Il paraît qu'un des rois de céans a fait, je ne sais à quel propos, un vœu auquel ses successeurs obéissent en se rendant, escortés de toute leur cour et de toute leur armée, à travers les quais de la capitale, à une église qu'on nomme Sainte Marie de Piedigrotta, à cause de sa position au pied du Pausilippe.

Il y a donc eu aujourd'hui à Naples, revue, défilé, salves d'artillerie, fanfares militaires et.... pèlerinage.

Depuis deux jours les régiments étaient arrivés en grand nombre des villes voisines.

De grand matin ils ont commencé à se mettre en marche pour prendre leurs positions respectives.

En même temps, la baie était sillonnée de barques qui amenaient en foule les habitants des côtes et des îles; les corricoli se succédaient par longues files, déposant sur les places les campagnards de l'intérieur des terres.

Le coup-d'œil était charmant.

Les insulaires d'Ischia, de Procida, de Caprée, étaient surtout remarquables par l'originalité de leurs costumes.

Quant au peuple de Naples, au lazzarone proprement dit, il n'avait fait aucuns frais pour la fête; il n'avait pas apporté le moindre changement à son appareil quotidien : mêmes haillons, même nudité; c'était triste à voir.

L'armée napolitaine est fort nombreuse eu égard à

la population du royaume ; elle est renforcée de régiments suisses dont la condition , comparée à celle des
nationaux, offre de singuliers contrastes.

Le soldat suisse reçoit une paie triple de celle du
soldat napolitain ; il mange du pain blanc et celui-ci du
pain bis ; il porte des bas et le guerrier indigène va nu-
pieds.

Le choix des postes confiés à l'une et à l'autre de
ces deux troupes n'est pas moins significatif.

Les régiments suisses occupent les forts qui dominent
la ville ; les régiments napolitains sont distribués dans
les casernes, les palais et les corps-de-garde, sous le
canon des forts.

Les carrosses qui conduisaient la cour au pèlerinage
de Piedegrotta, les valets de pied, les hérauts d'arme,
les gardes du corps, les pages et les écuyers, repro-
duisaient l'appareil de l'ancienne cour de France et
trahissaient la présence d'un petit fils de Louis XIV.

Dans la matinée de ce jour, les églises ont été très
fréquentées : la dévotion des Italiens est bien diffé-
rente de celle des autres peuples.

Dès qu'elles ont pris place pour l'office, les dames
ôtent leurs chapeaux, posent un voile sur leur tête,
s'arment de leur éventail et se rangent aux côtés de la
nef, en faisant face à l'allée où circulent les arrivants.

Aux heures de messe, les confessionnaux sont oc-
cupés par les pénitenciers pour les cas imprévus : les
stalles où se tiennent ces prêtres sont ouvertes ; ils y
reçoivent les visites et y tiennent conversation avec
leurs paroissiens.

La tenue du peuple est négligée comme son costume:
le lazzarone en prière ne s'agenouille pas, il se vautre.
Du reste, il ne s'occupe guère de ce qui se passe à l'autel ; il entre dans l'église, se livre à ses pratiques parti-
culières, baise un pied de statue, une pierre d'autel, un
pavé, une médaille, et sort.

Ici, toutes les exhibitions du culte sont pour la Madone et saint Janvier ; c'est à eux seuls que s'adressent les prières , les offrandes, les images, les processions ; c'est d'eux seuls que le peuple attend les récoltes , la santé, le beau temps, la richesse , les réussites en tous genres ; à Naples le bon Dieu règne et ne gouverne pas.

Vendredi , 9 septembre.

Le trajet de Naples au sommet du Vésuve se divise en trois étapes. D'abord, on gagne Retina en voiture par une route charmante au bord de la mer ; là, on prend des chevaux et un guide et on commence à gravir la montagne à travers des ruisseaux de lave calcinée et des amas de scories.

La route parcourt ces vignes célèbres qui semblent communiquer à leurs généreux produits les ardeurs du sol qui les supporte.

A une certaine hauteur, la végétation cesse ; d'affreux débris couvrent la terre ; nos petits chevaux franchissent lestement mille obstacles où le pas de l'homme trébucherait à tout instant.

Nous avons dépassé l'Ermitage ; nous traversons le cratère de 79 ; nous arrivons au pied du cône central. Il faut quitter les montures, et commencer, par une chaleur accablante, une ascension longue et pénible : nos pieds enfoncent dans la cendre jusqu'aux genoux ou se heurtent aux aspérités des déjections volcaniques.

Mais que les fatigues sont vite oubliées, quand du sommet du cône nous contemplons ces cratères exhalant leur fumée sulfureuse , quand nous dirigeons nos regards éblouis sur l'immense panorama du golfe et de la chaîne des Apennins.

Voici donc un des soupiraux de cette immense fournaise sur laquelle nous reposons , séparés de l'abîme par une mince enveloppe , toujours ébranlée et toujours résistante.

La science moderne a singulièrement accru l'intérêt

qui s'attache aux volcans : les anciens n'y voyaient qu'un accident de la nature ; nous y cherchons la révélation des éléments constitutifs de notre globe, la démonstration de son passé, l'indice de son avenir, l'un des secrets de la création.

Nous avons mangé, au bord du cratère, des œufs cuits dans la cendre, et nous les avons arrosés d'un verre de *lachryma christi* : on ne peut faire un repas plus local.

Samedi, 10 septembre.

Le golfe de Naples est une immense enceinte demi-circulaire d'un diamètre de six lieues environ.

Les deux points extrêmes de la côte sont le cap Misène à l'ouest, et la côte de Sorrente à l'est.

L'entrée du golfe est à demi séparée de la pleine mer par les îles d'Ischia, de Procida et de Nisida, qui inclinent vers l'ouest, et par l'île de Caprée qui fait face à Naples.

Au fond du golfe, un promontoire s'avance et forme, dans l'enceinte générale, deux enceintes partielles : ce promontoire, c'est le Pausilippe ; ces deux enceintes, c'est la baie de Baïa du côté du cap Misène, c'est la baie de Naples du côté de Sorrente.

Pour communiquer de l'une à l'autre de ces baies, les anciens Romains ont creusé sous le promontoire un souterrain ou grotte qui a près d'un kilomètre de longueur.

La baie de Naples excelle par la grâce et la majesté des sites.

De Naples à Sorrente, l'œil du spectateur embrasse le Vésuve avec la riante ceinture de villas qui couronne sa base, Portici, Castel-a-mare, puis les crêtes des Apennins au pied desquelles Sorrente étale sa parure d'orangers.

La promenade de Naples à Sorrente, sur un parcours

de huit lieues environ, offre les contrastes les plus charmants.

Jusqu'à Castel-a-mare, c'est un jardin délicieux qui rappelle, pour les surpasser, les belles campagnes de la Touraine et du pays de Lucques ; après Castel-a-mare, ce sont des accidents de montagnes, des gorges profondes, des sommets élevés, un souvenir de la Suisse dans ses aspects riants.

Mais ce qui rend cette succession de sites vraiment incomparable, c'est ce Vésuve qui fume à la gauche du voyageur, c'est cette mer qui étale à sa droite ses flots d'un bleu foncé ; ce sont ces îles, ces côtes lointaines, dont les contours élevés se dessinent hardiment à travers l'admirable transparence de l'atmosphère.

On fait à Sorrente une promenade en bateau pour visiter des grottes et des ruines de temples baignées par la mer, merveilles de la nature et de l'art.

On montre dans la ville la maison où le divin Tasse est né.

Quand on a parcouru cette radieuse contrée, la brillante imagination du poète n'étonne plus : pour composer les jardins d'Armide, il n'avait qu'à décrire le site qui fut son berceau.

Dimanche, 11 septembre.

La baie de Baïa est surtout riche de son passé.

Voici Cumes, les Champs Élyséens, le lac Averne, la grotte Sibyllienne :

Spelunca alta fuit, vastoque immanis hiatu,
Scrupea, tuta lacu nigro nemorumque tenebris (*).

(*) C'était un antre profond, rocailleux, horrible, dont la large ouverture était protégée par un lac noirâtre et par des bois épais.

Le lac est bien calme, bien honnête, pour un lac infernal.

Ah ! si Virgile avait écrit cent ans plus tard ; s'il avait vu du haut de son Pausilippe la terre trembler, le Vésuve vomir la cendre et la lave, la mer s'embraser de lueurs sinistres, quel champ ouvert à son imagination ! Comme il aurait dépeint son héros, armé du rameau magique, gravissant le sommet du mont et disparaissant dans un tourbillon de flammes !

D'une extrémité de la baie à l'autre, ce ne sont que ruines : ruines des splendides palais des maîtres du monde, César, Cicéron, Lucullus, et leurs indignes successeurs ; ruines des humbles villas tant aimées des poètes ; ruines de temples, charmantes à Baïa, majestueuses à Pouzzole ; ruines d'amphithéâtres, de thermes, d'arcs monumentaux, de ports, de ponts, de piscines, d'aqueducs ; tronçons de colonnes, lambeaux de murs, fragments d'arcades, accumulés sur le sommet des falaises, dans le replis des vallons, jusque dans les profondeurs de la mer ; témoignages monstrueux de l'exactitude de ces vers d'Horace :

> Marisque Baiis obstrepentis urges
> Summovere littora, ...
> Parûm locuples, continente ripa (*).

Comme si ce n'était assez de la fureur des hommes et de l'inconstance de la fortune, il a fallu que, sur cette terre de prodiges, la nature vînt ajouter ses causes de destruction à celles de l'inexorable histoire.

Les côtes qui enveloppent le golfe de Naples portent des traces nombreuses de l'action volcanique qui les

---

(*) Homme insensé, tu t'efforces de soulever les rivages de la mer frémissante de Baïa : les limites de la terre ne suffisent pas à ton ambition !

tourmente incessamment : ainsi la Solfatare, les Étuves de Néron, la Grotte du Chien, etc.

Sur beaucoup de points, le sol a subi une dépression marquée, en sorte que les monuments bâtis en terre ferme se trouvent aujourd'hui à demi plongés dans les eaux de la mer.

Le temple de Sérapis, à Pouzzole, admirable ruine! offre même la trace d'un double mouvement d'affaissement et de soulèvement ; ses colonnes portent l'empreinte de coquillages marins dans des parties aujourd'hui surélevées, tandis que la base de ces mêmes colonnes est encore dans la mer : ainsi le sol qui supporte ce temple s'est affaissé, puis s'est relevé en partie.

Sur d'autres points, la mer, au lieu d'avancer, a reculé, et d'anciens ports sont aujourd'hui à sec.

A la suite de mon excursion de Baia, j'ai voulu acquitter une dette sacrée en visitant la tombe de Virgile au Pausilippe.

Mon émotion était grande en suivant les pas du guide à travers le sentier tortueux et malpropre qui y conduit.

Quelle n'a pas été ma surprise de voir l'état d'abandon où est laissé ce pieux monument !

Les ronces et les épines ont envahi les lieux où repose la dépouille du chantre immortel : le laurier même, le fameux laurier renouvelé par Pétrarque et Casimir Delavigne, est perdu sous les plantes parasites.

Un marbre placé sous la voûte funéraire porte cette inscription :

Mantua me genuit, Calabres rapuere',
Tenet nunc Parthenope : cecini
Pascua, rura, duces. . . . . (*).

(*) Mantoue m'a vu naître, les Calabres m'ont enlevé, Parthénope me possède : j'ai chanté les bergers, les champs et les héros.

Ce marbre, cette inscription, sont dus à M. Eickhorff, bibliothécaire de la reine des Français.

J'ai fait honte à des Napolitains de cet abandon : ils m'ont répondu qu'il n'était pas bon que des honneurs perpétuels fussent rendus à un païen.

Pauvre Italie ! tu es condamnée à renier jusqu'à ta gloire !

Pour visiter Caprée, on traverse en bateau à vapeur toute la profondeur du golfe.

J'ai contemplé avec bonheur, aux splendeurs du jour, ce magnifique spectacle que j'avais entrevu une première fois au lever du soleil.

Les indigènes ont dit :

Voir Naples et mourir.

Je dis : Voir Naples et vivre.... pour savourer longtemps le délicieux souvenir de cette vue enchanteresse.

L'île de Caprée est un rocher violemment accidenté, entrecoupé de gorges profondes et de pics abruptes : au sommet de l'un de ces pics se dressent les ruines de ce palais dont Juvénal a décrit les honteux et terribles mystères : de là, l'œil embrasse Naples et ses deux baies, Salerne et son golfe, Gaëte, le Vésuve et la pleine mer.

ROME.

Mardi, 13 septembre.

Nous partons de Naples pour Rome : après avoir franchi les faubourgs de la ville que nous quittons sans regret, nous faisons tristement nos adieux à ce Vésuve si gracieux et si terrible, à cette côte de Sorrente, lambeau du ciel oublié sur la terre, à cette eau dont l'azur répond à l'azur de l'air, à toute cette nature qui semble créée pour le bonheur de l'homme et qui n'est que le trompeur théâtre de sa misère.

La route de Naples à Rome est féconde en souvenirs intéressants et en sites pittoresques, et les voyageurs qui préfèrent le trajet par la mer et le Tibre commettent une grande faute.

C'est d'abord Caserte, le Versailles de l'Italie, admirable villa où les descendants de Louis XIV se sont plus à accommoder au sol de la Campanie les splendeurs du palais sans égal qui fut le berceau de leur race; c'est ensuite Capoue, cette Omphale de l'Hercule carthaginois; c'est Minturnes, où Marius racheta presque ses crimes par une exclamation sublime; c'est le mont Massico, dont les flancs produisaient ce vin si savoureux.... dans les vers d'Horace :

> Est qui nec veteris pocula Massici,.
> Nec partem solido demere de die
> Spernit (*).

Nous touchons la mer à Gaëte et nous envoyons du regard un lointain adieu au Vésuve et à Ischia qui se dessinent à l'horizon.

Près d'ici, Cicéron fut mis à mort par les sbires d'Octave; un peu plus loin, nous sommes à Terracine, patrie de cet empereur hypocrite, qui se fit clément quand il eut assouvi toutes ses haines.

L'aspect de la route est très varié dans le parcours de Naples à Rome.

La campagne, depuis la mer jusqu'au-delà de Capoue, est un admirable verger.

(*) Il est plus d'un Romain qui ne dédaigne pas de vider une coupe de vieux vin de Massique et de consacrer au repos le milieu du jour.

La terre est chargée d'arbres, et à chacun de ces arbres la vigne grimpe en spirales ou s'étale en guirlandes, comme au temps des Géorgiques.

Trois produits superposés s'offrent ainsi sans effort et sans engrais à l'heureux Campanien, dont on peut dire encore :

O fortunatos nimium, sua si bona norint
Agricolas ! (*)

Après la Campanie, c'est la terre de Labour : autres sites, autres richesses; des montagnes, des oliviers.

La vallée du Garigliano est délicieuse ; les gorges de Fondi et d'Istrie transportent l'imagination du voyageur en pleine histoire de bandits.

On croit voir briller l'escopette à travers chaque trouée du feuillage.

Puis s'offre à la vue cette honte de l'Italie pontificale, les marais Pontins, landes humides, mornes, incultes, où paissent les bœufs aux larges cornes et les buffles à la tête monstrueuse.

Les marais Pontins sont complètement inhabités.

Une chaussée magnifique, la voie Appienne, les traverse en ligne droite sur une longueur de douze lieues environ : sur cette route apparaissent de distance en distance les maisons de poste qui fournissent les relais, et les casernes de passage de la gendarmerie, crénelées et fortifiées : hors de là, tout est solitude !

Arrivés à Albano, nous descendons une côte longue et rapide qui domine une plaine immense : Rome et sa campagne sont devant nous; cinq lieues nous séparent des monuments et des ruines éternelles; et cependant voici la coupcle de Michel-Ange qui s'élève dans les

---

(*) O trop heureux l'homme des champs, s'il connaissait son bonheur !

2.

airs ; voici le Colysée de Flavien qui détache du ciel sa masse sombre et gigantesque.

La campagne de Rome est une vaste enceinte de dix lieues de diamètre environ : les montagnes la bornent de trois côtés, la mer apparaît à l'autre point de l'horizon.

Nous suivons la voie Appia : quelle tristesse !!! Une terre plate, stérile, une nature morte enveloppant une ville morte aussi; des ruines de tombeaux, des lambeaux d'aqueducs : pas d'habitations, pas d'arbres; des bœufs qui paissent; une seconde mise en scène des marais Pontins; vestibule lamentable de cette immense nécropole qui fut Rome !

Il est six heures, nous entrons dans la ville ; — hier j'ai vu le soleil se lever sur le Vésuve, aujourd'hui je le vois se coucher sous le dôme de St-Pierre.

Rome , vendredi 16 septembre.

Arrivé à Rome, j'ai demandé le Capitole et le Forum: *ab jove principium :* le *conduttore* auquel je me suis adressé, ne m'a pas compris; aujourd'hui le Capitole s'appelle *Campidoglio,* et le Forum *Campo Vaccino!*

J'ai éprouvé d'abord un grand désappointement quand je me suis trouvé sur ce sol classique aux prises avec les souvenirs qui m'obsédaient et la triste réalité.

Les ruines de Rome sont *gâtées* par les constructions nouvelles qui les entourent et s'y mêlent.

Je me suis pris à regretter les ruines de Pompéi, si pittoresques dans leur isolement, si vraies, si complètes, si vivantes.

Toutefois, cette première impression passée, il m'a bien fallu admirer, et ce gigantesque Colysée , et ces Thermes monstrueux, et ces élégantes Colonnes Trajane et Antonine, et ces splendides Arcs de triomphe, et ce noble fronton du Panthéon, et ces immenses Aqueducs, et ces glorieux débris où la richesse de la matière rivalise avec la perfection de l'art.

Les monuments de Rome ancienne sont partout : dans les églises, dans les palais, on ne voit que marbres, colonnes, bronzes, statues, arrachés au passé pour parer les misères du présent.

L'aspect de Rome est lamentable ; quelle contraste entre la vivacité mobile, remuante du Napolitain et la gravité morne, sombre du Romain d'aujourd'hui !

Les rues sont étroites et sales, à bien peu d'exceptions près : les édifices modernes n'ont presque pas d'architecture extérieure.

Le Tibre est sans quais ; il est livré aux industries riveraines.

Dans l'enceinte actuelle des murs de Rome, il y a deux villes, l'ancienne et la nouvelle.

La ville ancienne, assise sur la rive gauche du Tibre, comprend les sept fameuses collines et les plateaux qui les séparent ; son centre est au Forum entre le mont Palatin et le mont Capitolin, siège de sa gloire et de sa puissance.

Le Palatin, qui rappelle Publicola et Cicéron, porte encore la trace du séjour des Césars ; l'œil peut suivre, à travers les pans de murs et les voûtes gigantesques, cette immense enceinte du palais d'or de Néron qui, débordant la colline, traversait l'emplacement actuel du Colysée et gravissait les hauteurs du mont Cœlius et du mont Esquilin.

Le mont Capitolin a un aspect théâtral ; il est détaché de toutes parts et domine le Forum ; l'escalier qui y conduit et les sculptures qui ornent la cour ont la grandeur antique ; mais les édifices modernes qui occupent le sommet ne répondent pas aux souvenirs que leur vue réveille : ici encore le mot tue la chose.

Une église de capucins occupe l'emplacement du temple de Jupiter Capitolin.

Tout dans l'intérieur de cette église, pavé, colonnes,

ornements, est ancien : il semble que le grand Scipion
va monter rendre grâce aux Dieux!

Du côté opposé on voit la roche Tarpéienne et la
prison Mamertine, qui rappellent Manlius et Catilina.

Malgré l'état de délabrement où se trouve le Forum,
les amas de terre qui le recouvrent, les bœufs qui y
dorment et les voitures qui l'encombrent, on peut encore y suivre, livre et plan à la main, la trace des monuments qui le décoraient.

Voici la Voie Sacrée, puis la Voie Triomphale; voici
les restes du temple de Vénus et de Rome, le majestueux portique du temple d'Antonin et Faustine, les
huit colonnes du temple de la Fortune; les trois colonnes de celui de Jupiter-Tonnant, etc.

L'un seul regard le visiteur embrasse les arcs de
triomphe de Titus, de Septime-Sévère et de Constantin, monuments nobles et gracieux que toutes les capitales de l'Europe moderne ont copiés et recopiés,
plus ou moins maladroitement, en l'honneur de leurs
héros respectifs.

A la suite de ces débris splendides, le Colysée étale
sa magnificence circulaire.

On ne se lasse pas de visiter le Colysée; on y vient
le jour pour admirer, dans ses détails, cette quadruple
colonnade si imposante; on y vient la nuit pour contempler ces ombres gigantesques, si pleines d'ensei-
gnements et de souvenirs.

A chaque pas, autour du Forum et du Colysée, les
débris de Rome ancienne s'offrent aux visiteurs: thermes, cirques, temples, basiliques, théâtres, aqueducs,
fontaines, mausolées, tout est là, groupé et confondu,
rappelant des noms glorieux ou terribles.

Rome moderne s'est éloignée de ce champ de ruines;
elle a remonté le cours du Tibre et elle a planté sur
l'autre rive un de ses faubourgs.

Son arête principale est le Corso, qui occupe en
partie le sol de l'ancien champ de Mars, et dont les

deux extrémités sont marquées par la place de Venise qui touche au Capitole, et par la place du Peuple qui est au bas du *monte Pincio.*

St-Pierre et le Vatican règnent solitairement sur l'autre bord du fleuve, aux lieux où fut le cirque de Néron.

Les rues de Rome moderne ont leur part de souvenirs : là s'élève le noble Panthéon, transformé en église sous la dénomination peu artistique de Ste-Marie de la Rotonde ; le temple d'Antonin devenu bureau de douane, la colonne Antonine, principal ornement du Corso, le théâtre de Marcellus, divers obélisques et les fontaines alimentées par les anciens aqueducs.

Le volume des eaux de ces fontaines est prodigieux: celle dite Pauline et celle de Trévi versent de véritables torrents.

Deux fois par semaine, durant l'été, on transforme la place Navone, où se tient le marché, en un vaste lac, afin de la nettoyer.

J'admire qu'avec de pareils moyens d'assainissement, Rome moderne soit une des villes les plus sales et la plus malsaine de toute l'Europe.

Samedi., 17 septembre.

Le Corso est une rue droite et longue, mais un peu étroite ; elle est bordée de palais immenses ; celui qui porte le nom de Doria est le plus remarquable de tous ; les palais Farnèse et Borghèse, voisins du Corso, et le palais Corsini, dans le Transtévère, méritent aussi d'être cités.

Un triste souvenir se rattache à ces édifices ; ils ont été construits avec les matériaux des monuments anciens qu'ils n'ont pas remplacés : *Quod non fecerunt Barbari fecerunt Barberini.*

Au-dessus du Corso s'élève le palais du Quirinal, immense amas de pierres, sans symétrie ni caractère.

Mais les deux *Esclaves dompteurs de chevaux* qui ornent la place du Monte-Cavallo portent les signatures de Phidias et de Praxitèle, et en sont dignes.

Au palais Rospigliosi, voisin du Quirinal, on montre un plafond peint par le Guide, et représentant le *Char de l'Aurore.*

J'aime peu les peintures de plafond ; elles sont incommodes à contempler et souvent inintelligibles ; mais il faut bien convenir que la fresque du palais Rospigliosi est la création la plus gracieuse et la plus élégante qui soit sortie de la main des hommes.

Ste-Marie-Majeure, sur le mont Esquilin, est un magnifique temple païen construit pour des chrétiens.

Nous sommes allés le soir au théâtre Argentina et nous avons vu représenter un opéra nouveau du maestro Verdi et un ballet.

Suivant l'usage local , des cardinaux et des prêtres assistaient à cette représentation, un Cardinal placé aux avant-scènes du rez-de-chaussée a beaucoup applaudi le ballet.

Les salles d'Italie sont grandes, sonores et sombres : chaque loge est une sorte de chambre obscure dont le bénéficiaire possède la clef, et où il reçoit qui lui plaît.

Il doit se jouer dans ces loges bien des drames mystérieux.

Dimanche, 18 septembre

Ce jour a été pour nous le jour des morts : nous avons parcouru les tombeaux du Vélabre et de la voie Appia et les catacombes de St-Calixte.

L'effet des catacombes de Rome est médiocre ; c'est une série de petites chambres et de galeries revêtues par intervalles de peintures presqu'effacées et de sculptures fort vulgaires.

Les tombes et les *columbaria* antiques offrent des vestiges remarquables; le monument dit *des Horaces,* celui de *Cecilia Metella*, la pyramide de *Caïus Sextius* sont des curiosités célèbres.

Je n'ai pu lire sans émotion le nom des Scipions sur une pierre tumulaire, et je me suis écrié avec Béranger:

O Gloire, quel veuvage!

La basilique de St-Paul est placée au milieu des ruines ; un incendie l'a presqu'entièrement détruite en 1824 ; on s'occupe à la restaurer, mais non pas à chasser la fièvre qui dévore ses rares paroissiens, et fait de plus en plus le vide autour de son enceinte.

Il existe au Vélabre et sur les flancs de l'Aventin des restes précieux de Rome antique : un délicieux temple de Vesta, un autre de la Fortune virile, tous deux transformés en églises ; le Forum-boarium, le Janus-quadrifons, le Grand Cloaque, etc.

Près de là est le pont Sublicius, dont le nom restera éternellement associé à celui d'Horatius Coclès.

En remontant le Tibre, on voit se dresser sur la rive ce gigantesque édifice qui fut le mausolée d'Adrien et qui est devenu le Château St-Ange.

On admire encore à Rome les ruines de trois thermes principaux :ceux de Titus, de Caracalla et de Dioclétien.

Les thermes contenaient tout à la fois établissement de bains chauds, école de natation, bibliothèque, gymnase, académie, musée ; c'étaient les lieux de réunion des oisifs et des beaux esprits de la ville.

On y accumulait les merveilles de l'art, les dépouilles de l'univers conquis.

Les thermes de Caracalla possédaient l'*Hercule* et le *Taureau* Farnèse ; le *Laocoon* a été trouvé dans ceux de Titus.

Les ruines des thermes de Caracalla sont les plus étendues et les plus complètes.

Leur aspect est presqu'aussi imposant que celui du Colysée.

On distingue encore l'enceinte de la grande piscine qui offrait place à trois mille nageurs.

Du haut de ces ruines on aperçoit les monstrueux aqueducs qui y amenaient l'eau des flancs des Apennins.

Le Cirque Maxime s'étendait au pied du Palatin entre le Colysée et les thermes de Caracalla ; il n'en reste que des vestiges informes.

Les *septa*, ces immenses portiques qui protégeaient le peuple contre le soleil et la pluie, ont aussi disparu complètement.

Lundi , 19 septembre.

Il m'arrive presque chaque jour de faire une visite à St-Pierre et au Vatican.

La vue de la basilique rappelle d'une manière saisissante les temps de puissance et de domination cléricales où fut conçue et réalisée cette construction surhumaine : chaque pilier, chaque ornement est une page d'histoire ecclésiastique.

Aujourd'hui St-Pierre est un désert, même aux jours de solennité; Rome toute entière ne suffirait pas pour le remplir ; c'est un édifice bâti, non pour une ville , mais pour le monde entier : ils sont passés ces jubilés d'autrefois , où, suivant le dire de Muratori, deux clercs se tenaient nuit et jour près de l'autel , armés de rateaux, et ramassant sans relâche les sommes innombrables que les fidèles y déposaient.

Il faudrait un volume pour décrire les richesses que contient cet étonnant édifice.

Aux merveilles entassés par les Michel-Ange, les Bramante, les Raphaël et les Bernin, sont venus s'ajouter, au commencement du siècle, les marbres de l'immortel Canova.

Deux lions, sculptés par lui au tombeau de Clément XIII, sont admirables de vérité et d'expression.

Une main pieuse et décente a recouvert d'une jaquette en tôle lss anges que cet artiste a placés au bas du mausolée des Stuarts ; ce procédé nouveau mérite d'être signalé aux directeurs des musées trop peu vêtus.

L'immense étendue de la basilique, l'admirable harmonie de toutes ses parties, produisent des illusions d'optique singulières.

Lorsqu'on franchit le seuil de l'église, on aperçoit au plus proche pilier deux anges qui supportent un bénitier ; ces anges ont, conformément à la tradition artistique, la taille aussi bien que la physionomie des enfants ; on approche : ils sont hauts de deux mètres !

Il n'existe à St-Pierre aucun tableau sur toile ; on n'y rencontre qu'une seule fresque : ce sont la mosaïque et la sculpture qui font les frais de l'ornementation ; tout a été posé là pour l'éternité.

Dans une nef latérale sont rangés des confessionnaux pour tous les idiômes parlés dans le monde catholique : les pénitentiers occupent ces confessionnaux tout le jour ; ils sont armés d'une baguette de deux ou trois mètres, dont le simple attouchement a le privilége de remettre les péchés véniels sans confession.

Un Jupiter Tonnant, transformé en St Pierre, reçoit les adorations des fidèles : on a vissé dans sa main les clefs du Paradis à la place des foudres de l'Olympe.

Le bronze de son pied s'est usé sous la pression des lèvres dévotes.

Mardi, 20 septembre.

Chaque jour nous mêlons à nos courses la visite de quelques églises.

Celle dite des Capucins possède un chef-d'œuvre du Guide, *l'Archange terrassant le dragon*, qui m'a rappelé *l'Archange* de Raphaël au musée du Louvre ;

aux Saints-Apôtres, on admire les tombeaux de Clément XIV et du sculpteur Volpato par Canova.

Il faut noter Ste-Marie-des-Anges, dont la nef principale n'est autreque la grande salle des thermes de Dioclétien.

Les colonnes qui ornaient cette salle et qui soutiennent encore l'édifice ont paru trop hautes au restaurateur du monument, et il les a enfouies de deux mètres!

A Rome, partout où le passé s'est montré debout, ses indignes héritiers, incapables de se grandir à sa taille, l'ont abaissé à la leur.

Mercredi, 21 septembre.

St-Jean de Latran est la plus ancienne et la plus vénérable des basiliques de Rome : elle posssède des objets que la tradition locale rattache aux différentes scènes de la vie de Jésus-Christ, la colonne où il fut fouetté, la table où il accomplit la cène et l'escalier qu'il monta et descendit lors de sa comparution devant Pilate.

Un moine garde l'entrée de cet escalier, qu'on ne gravit qu'à genoux, et qui conduit à une chapelle munie d'indulgence plénière.

Ste-Croix en Jérusalem et St-Laurent sont deux curieux édifices dont la construction date du temps de Constantin.

Tivoli, jeudi, 22 septembre.

Il m'a fallu encore une fois traverser cette affreuse campagne de Rome pour visiter Tivoli.

Quand Tivoli ne serait pas un lieu charmant par lui-même, il paraîtrait tel au voyageur qui parcourt pour y parvenir les steppes de la voie Tiburtine.

Tivoli! Tibur! que de souvenirs se rattachent à ces deux mots!

Oui, cette grande cascade est majestueuse, cette

grotte de Neptune est imposante ; oui , ces cascatelles se précipitent avec un désordre plein de grâce.

Mais ma pensée est ailleurs, et je quitte sans regret ces merveilles, quand le guide me montre du doigt la place...... où fut la maison d'Horace, celle de Catulle, celle de Properce, celle de Tibulle.

C'est ici qu'ils ont aimé (plus ou moins, chacun selon sa nature) ; c'est ici qu'ils ont écrit..... (tous, d'une façon si charmante).

Délie , Lesbie, Lydie , Cynthie, noms immortels ! Pourquoi ? parce que des poëtes vous ont chantés.

Les beaux vers de Lamartine me sont revenus en mémoire.

> Oui, l'Anio murmure encore
> Le doux nom de Cynthie aux rochers de Tibur ;
> Vaucluse a retenu le nom chéri de Laure,
> Et Ferrare aux siècles futurs
> Murmurera toujours celui d'Éléonore.
> Heureuse la beauté que le poëte adore;
> Heureux le nom qu'il a chanté!

Horace avait exprimé la même pensée :

> .... illacrimabiles
> Urgentur ignotique longa
> Nocte, carent quia vate sacro (*).

Properce est surtout le poëte de Tibur : il a passé ici sa vie à célébrer Cynthie dans des vers pleins de tendresse :

Tu mihi sola domus, tu, Cynthia, sola penates (**).

(*) Ils languissent dans les ténèbres de l'oubli et personne ne pleure leur mémoire, parce qu'un poëte inspiré ne les a pas chantés.
(**) Toi seule es ma patrie, mon foyer domestique, ô Cynthie :

Elle morte, il y a pleuré sa mémoire.

Mes regards cherchaient sur les rochers de l'Anio l'épitaphe par lui gravée :

> Hic Tiburtina jacet aurea Cynthia terra ;
> Accessit ripæ laus, Aniene, tuæ (*).

Tivoli rappelle aussi les derniers jours de Zénobie, et les splendeurs de la villa Adrienne.

La villa de Mécènes dominait les cascatelles ; ils en ont fait une fonderie !

N'importe, j'ai retrouvé tout ce que les poëtes m'avaient promis :

> Et præceps Anio, et Tiburni lucus, et uda
> Mobilibus pomaria ripis (**).

En revenant de Tivoli, je salue du regard Frascati, qui fut Tusculum et qui rappelle Cicéron.

Cicéron, grand orateur, grand philosophe, grand politique, général habile, ami des lettres et des arts, poëte à ses heures de loisirs, l'intelligence la plus complète de toute l'antiquité !

Placé à la tête des affaires dans des temps de discordes civiles, il sut tenir, entre la servitude et l'anarchie, entre César et Catilina, cette ligne moyenne, souvent périlleuse à ceux qui la suivent, mais qui assure à leur mémoire les respects de la postérité.

Sous les empereurs, Juvénal a eu le courage de dire de ce dernier défenseur de la République, de cet ami de Brutus :

> Roma patrem patriæ Ciceronem libera dixit (***).

(*) Cynthie repose ici sur la terre dorée de Tibur : Anio, quel honneur pour tes rives !

(**) L'Anio qui se précipite, les bois sacrés de Tibur et ses vergers qu'arrosent des ruisseaux rapides.

(***) Rome libre a surnommé Cicéron *Père de la patrie*.

Vendredi , 23 septembre.

Du musée Doria nous allons à St-Pierre in Vincoli admirer le *Moïse* de Michel-Ange qui décore le tombeau de Jules II : l'expression de ce marbre est digne de l'antique.

Samedi , 24 septembre.

Encore à St-Pierre! encore au Vatican! puis aux thermes de Caracalla et au Colysée! sans compter les églises qui semblent naître devant nos pas.

Il y a à Rome une église paroissiale pour cinq cents habitants.

Le Vatican touche à Saint-Pierre : les bâtiments de la cour principale ont été co nstruits et ornés par Raphaël et ses élèves.

Le Vatican est tout à la fois un musée et un palais, comme notre Louvre.

Autour du fameux belvédère sont placés, dans des cellules distinctes, les sculptures antiques du *Méléagre*, du *Mercure* dit *Antinoüs*, du *Laocoon* et de l'*Apollon* : Canova a obtenu l'insigne honneur d'une cinquième cellule pour son *Persée* et ses *Lutteurs*.

J'étais accompagné , en visitant ces merveilleux chefs-d'œuvre, d'un touriste érudit qui m'apprit que l'incomparable *Apollon* contenait deux fautes d'anatomie : mon touriste tenait beaucoup à sa remarque, qu'il avait lue quelque part , et ne voulait pas voir autre chose; je me suis délivré de cet impitoyable observateur en lui racontant une historiette fort ingénieuse à l'adresse de Messieurs les critiques :

Un de ces tamiseurs des œuvres d'autrui s'avisa un jour de demander une récompense à je ne sais quel prince ; le prince le fit mander, et, lui montrant un tas de blé, il le pria d'en extraire les graines parasites;

le critique se mit à l'œuvre, et, peu de temps après,
il présenta le résultat de son scrupuleux épluchage; le
prince, voulant rémunérer convenablement ce travail,
fit don au critique....... des mauvaises graines qu'il
avait séparées du tas.

La galerie de tableaux du Vatican ne renferme
qu'une vingtaine de toiles ; mais chacune de ces toiles
est une œuvre capitale : il suffit de nommer la *Transfiguration de Raphaël*, la *Communion de saint
Jérôme*, la *Descente de croix* du Caravage, la *Vierge*
du Guide, celle du Titien, *Sainte-Hélène* de Paul Véronèse, la *Madone de Foligno* de Raphaël et Jules
Romain, la *Madeleine* du Guerchin, le *Martyre de
Saint Erasme* du Poussin.

Des tableaux sur toile on passe aux fresques des
Chambres et des *Loges*, œuvres capitales de Raphaël.

L'*École d'Athènes* et le *Mont Parnasse* sont des
prodiges de noblesse et d'élégance ; la *Dispute du
Saint-Sacrement* est une composition imposante jusqu'au sublime.

Après Raphaël, Michel-Ange ; après les *Chambres*
et les *Loges*, les *chapelles Sixtine* et *Pauline*.

Le *Jugement dernier*, les *Sibylles et Prophètes* et
les *Scènes de l'Ancien Testament*, qui couvrent les
plafonds et les murs de la *chapelle Sixtine*, sont les
plus étonnantes et les plus gigantesques productions
de l'art de peindre.

Raphaël a voulu reproduire à sa manière un des
sujets traités par son rival, et l'on admire de lui, dans
l'église de Sainte-Marie de la Paix, quatre *Sibylles* dont
la noble élégance contraste avec la sévérité grandiose
de celles du Vatican.

Le musée du Capitole a sa bonne part de chefs-
d'œuvre : le *Gladiateur mourant*, la *Vénus*, le *Faune*
de Praxitèle, l'*Antinoüs*, la *Junon*, le *Brutus*, l'*A-
grippine assise*, un *Enfant jouant avec un masque*,

la fameuse *Louve*, la mosaïque des *Pigeons*, la statue équestre de *Marc-Aurèle*, les statues colossales de *Castor et Pollux*, les *Trophées de Marius*, d'innombrables vases, urnes, bustes, autels, colonnes, sarcophages, en marbre ou en bronze, ornent les cours et remplissent les salles de ce monument.

La collection de tableaux contient la *Sibylle persique*, la *Cléopâtre* et la *Sainte Pétronille*, trois œuvres magiques du Guerchin, un portrait de *Michel-Ange*, par lui-même, l'*Enlèvement d'Europe*, de Paul Véronèse, tableau splendide de coloris, la *Sibylle de Cumes*, du Dominiquin, la *Charité* d'Annibal Carrache, *Saint-Sébastien* du Guide, la *Fortune* du même, le *Triomphe de Flore* du Poussin, etc.

On a réuni au Capitole les bustes des grands hommes de l'Italie.

Le plus remarquable de ces bustes est celui du pape Pie VII, par Canova.

Les *Trois Grâces*, charmante composition du même sculpteur, ornent le monument élevé en son honneur.

Il faudrait un volume pour analyser les collections qui ornent les palais privés de Rome.

J'ai noté principalement, au palais Corsini, un *Ecce homo* du Guerchin, une *Vénus* de l'Albane, l'*Annonciation* de Michel-Ange, l'*Hérodiade* du Guide, une *Vierge* de Murillo et le prodigieux *Prométhée* de Salvator-Rosa; au palais Borghèse, la *Chasse de Diane* du Dominiquin, la *Sibylle* du même, la *Descente de croix* de Raphaël, les *Trois Grâces* du Titien, les *Saisons* de l'Albane; au palais Colonna, la *Musique* de Paul Véronèse, une *Assomption* de Rubens, *Luther et Calvin* du Titien, la *Vie du Soldat* de Callot; au palais Rospigliosi, les *Apôtres* de Rubens et le *Triomphe de David* du Dominiquin; au palais Doria, *Jeanne de Naples* de Léonard de Vinci, une *Descente de croix* d'Annibal Carrache, un *Paysage* de Claude Lorrain, son chef-d'œuvre, les *Avares* de Van Ostadt;

enfin, à l'Académie des Arts, *Saint Luc qui peint la Vierge* par Raphaël.

Ne quittons pas ce sujet sans mentionner la Farnésine, délicieuse cassine où Raphaël a peint les ravissantes fresques de *Galathée* et des *Amours de Psyché.*

On ne peut visiter ces collections où vingt siècles de merveilles sont accumulés et confondus, sans songer au parallèle si souvent reproduit entre l'art ancien et l'art moderne.

Quel est le vainqueur de Phidias ou de Raphaël, de Titien ou de Glycon? Qui vaut le mieux de l'*Apollon* ou de la *Transfiguration*, du *Laocoon* ou du *St-Jérôme?*

Poussin a dit que Raphaël était un ange comparé aux modernes, et un âne comparé aux anciens : faut-il accepter ceste boutade comme un arrêt?

En faisant la part de l'exagération permise aux artistes, il est difficile de méconnaître que la statuaire grecque n'a jamais été égalée, et que les monuments de cet art qui sont sortis des ruines pour orner les musées d'Italie sont les plus glorieuses et les plus étonnantes créations du génie humain.

Non seulement ces statues sont exactes de dessin, élégantes de forme, belles d'expression ; mais elles marchent, elles sentent, elles sourient, elles pleurent,.. en un mot elles vivent!

Mais ce qui ne peut être contesté, c'est la filiation directe qui relie tous ces chefs-d'œuvre les uns aux autres.

En comparant les monuments, les statues, les peintures, les objets d'art de tous les âges qui couvrent le sol de la Péninsule, on est frappé de leur ressemblance.

OEuvres de la Grèce héroïque, de la Rome impériale, de l'Italie moderne, toutes sont de la même famille.

C'est qu'en effet notre civilisation est fille de celle de

Rome, comme la civilisation de Rome était fille de celle
d'Athènes; et chacun de nous peut dire :

> Oui, je fus grec, Pythagore a raison,
> Il faut en vain qu'on me traduise Homère,
> Sous Périclès j'eus Athènes pour mère,
> Je visitai Socrate en sa prison.

Après trente siècles écoulés, le temps qui a vu Pé-
riclès, Phidias, Platon, Sophocle, Pindare et Démos-
thènes, naître et grandir au chant des rapsodies ho-
mériques, est encore le siècle du *beau* en toutes choses,
l'âge-modèle par excellence.

Les Romains ne l'ignoraient pas :

> Grœcia capta ferum victorem cepit, et artes
> Intulit agresti Latio (*).

Ils se consolaient de leur infériorité littéraire et artistique par la puissance des armes.

> Excudent alii spirantia mollius æra,
> . . . . . vivos ducent de marmore vultus,
> Orabunt causas meliùs. . . . .
> Tu regere imperio populos, Romane, memento :
> Hæ tibi erunt artes . . . . (**)

Aussi, chez les Romains l'art et la littérature furent
grecs.

Ils prirent à la Grèce ses artistes et ses monuments ;
presque tout ce qui subsiste encore des créations Hel-

(*) La Grèce captive sut captiver son farouche vainqueur et intro-
duisit les arts dans l'agreste Latium.

(**) D'autres tireront de l'airain des sons plus doux, d'autres sauront
animer le marbre ou parler avec éloquence : toi, peuple Romain,
songe à soumettre les nations à ton empire ; telle sera ta mission.

léniques est aujourd'hui à Naples, à Rome ou à Florence.

Le mouvement intellectuel de la Renaissance n'a été à son tour qu'une brillante réapparition du génie grec et romain, provoquée par la transmigration qui a suivi la prise de Constantinople, et fécondée par le patronage plus fastueux qu'intelligent des familles patriciennes de cette époque.

J'ai cherché vainement à Rome les traces du sentiment chrétien appliqué aux arts.

Rien ne répond moins que les églises d'Italie à l'idée que nous nous faisons d'un édifice religieux.

Ici tout, même dans les choses du culte, est païen, ou, pour mieux dire, tout est grec.

Les églises d'Italie sont de véritables temples, et il semble en les parcourant qu'on entend passer le chœur antique couronné de lierres ou de pampres et chantant l'hymne à Apollon ou à Bacchus.

Les constructeurs n'y ont mis aucun artifice : ils ont pris les colonnes, les mosaïques, les sarcophages, les lampes, les vases, les costumes même des temples anciens, avec leurs attributs lascifs ou héroïques, et en ont fait des instruments du rite nouveau ; ils se sont emparés des statues des dieux et ont transformé Minerve et Vénus en Ste Vierge, Apollon et Mercure en St Jean, Jupiter et Neptune en St Pierre ou en St Paul.

· Les basiliques de Ste-Marie-Majeure, de St-Jean de Latran, de St-Paul, de St-Sébastien, de Ste-Croix, de St-Laurent, etc., sont des temples dont l'étiquette est retournée : St-Pierre même est l'exécution d'une idée païenne ; Michel-Ange l'a dit, c'est le Panthéon dans les airs !

Les magnifiques œuvres de la peinture et de la sculpture modernes qui ornent les églises et les musées d'Italie ne sont elles-mêmes que des reproductions ou des imitations de l'antique.

Les grands artistes ont accommodé aux scènes de la Judée des physionomies et des costumes grecs et romains.

Ils ont retracé, par les mêmes procédés et sous l'influence du même sentiment, les miracles des saints et les allégories mythologiques, la *Transfiguration* et l'*École d'Athènes*, le *Calvaire* et la *Mort de Socrate*.

Raphaël avait envoyé des élèves en Grèce copier les fragments encore debout ; c'est dans les thermes de Titus qu'il a pris le dessin de ses arabesques.

Michel-Ange n'avait d'autre ambition que de se rapprocher des sculpteurs grecs en les imitant.

Pour rencontrer en Italie la peinture et la sculpture vraiment chrétiennes, il faut remonter au Giotto et à Cimabuë, c'est-à-dire à l'enfance de l'art.

Dimanche, 25 septembre.

J'ai assisté à la messe en musique dite à St-Louis-des-Français, en présence d'un de nos généraux et d'une compagnie de notre armée.

Les dévotes romaines étaient accourues en grand nombre.

Si l'armée française a les honneurs du matin, les succès du soir sont pour les Pères jésuites, dont l'église, à l'heure du Salut, est resplendissante de lumières.

Nous avons été admis aujourd'hui à une audience du Pape au Quirinal.

Le Saint-Père habite le Vatican pendant huit mois de l'année et le Quirinal pendant les quatre autres mois: le quartier du Vatican est pestilentiel pendant l'été.

L'étiquette ne permettant pas d'introduire les dames dans le palais même, les réceptions auxquelles elles prennent part ont lieu dans un pavillon construit au milieu des jardins.

Ce pavillon se compose d'un salon d'attente, d'une

galerie intermédiaire et d'un cabinet où se tient le Saint-Père.

Un prêtre *cameriere* (chambellan), qui fait l'office d'introducteur, et deux huissiers qui se tiennent à la porte du pavillon, composent toute la suite.

La physionomie du Pape exprime la bonté et la douceur, et en même temps la tristesse et la souffrance.

En quittant le Quirinal, je me souvenais que saint Bernard conseilla jadis au Pape chassé par le républicain Arnaud de Brescia, de renoncer au gouvernement temporel de Rome pour conserver la suprématie spirituelle du monde : *Urbem pro orbe mutari.*

Que conseillerait saint Bernard. s'il vivait aujourd'hui ?

FLORENCE.

Florence, dimanche, 2 octobre.

Pour aller de Rome à Florence, on sort par la porte du Peuple, on traverse le Tibre sur le pont Molle, illustré par la victoire de Constantin sur Maxence, et l'on atteint bientôt les ruines de l'ancienne ville de Veïes, la Troie de l'Italie.

La route de Florence est fort pénible : après avoir franchi l'inévitable *Agro Romano,* elle laisse à droite le Soracte mentionné par Horace, et elle gravit les cimes les plus élevées des Apennins : rochers abruptes, sommets escarpés, ravins profonds, terrains incultes, lacs pestilentiels.

On parcourt ainsi successivement Viterbe, Monte-Fiascone, Orvietto, Bolsena, Aquapendente, Radico-fani, Buon-Convenuto, et l'on arrive à Sienne : là, les montagnes s'abaissent, la végétation reparaît, et bientôt le voyageur sort de l'étroite vallée de l'Arno pour entrer dans la délicieuse enceinte dont Florence occupe une extrémité.

Autant la nature est splendide à Naples, autant elle est gracieuse à Florence : là elle étonne et éblouit, ici elle charme et pénètre.

Les montagnes qui enveloppent la ville sont gracieusement superposées en forme d'amphithéâtre : de la base au sommet elles sont parsemées de constructions coquettes qui resplendissent à travers les massifs de feuillage ; des chapelles, des couvents, des villages, des maisons de plaisance, disséminés à l'infini, forment le coup-d'œil le plus pittoresque.

L'intérieur de la ville offre un tableau digne du cadre qui l'entoure.

Florence est assise sur l'Arno qui la sépare en deux parties presque égales.

Le fleuve est bordé de quais magnifiques : de ces quais, l'œil aperçoit de nombreux dômes et campanilles qui se dressent dans les airs.

Sur chaque rive s'élèvent deux monuments rivaux : le *Vieux-Palais*, œuvre sévère et imposante du XIIIe siècle, et le *Palais-Pitti*, majestueux édifice élevé au XVe siècle par Brunelleschi pour le compte d'un fastueux trafiquant.

Une longue galerie qui traverse la rivière sur un pont relie ces deux monuments pour les jours de danger ; de même qu'à Rome un viaduc met en communication le Vatican et le château Saint-Ange : l'Italie est le pays des précautions gouvernementales.

La place du Vieux-Palais a résisté aux badigeonnages modernes, et a conservé son caractère primitif.

Indépendamment de l'édifice principal, on y admire une fontaine monumentale, deux statues colossales de Michel-Ange et de Bandinelli, des constructions privées remarquables, et, enfin, la galerie dite *de*

Lanzi, merveille de grandeur et d'élégance, et où sont groupées des statues de Donatello, de Jean de Bologne, de Benvenuto Cellini.

A côté de la place et tenant au Palais, la galerie *di Uffizi* contient divers établissements publics et l'un des Musées du gouvernement.

En parcourant les rues voisines, on rencontre à chaque pas les magnifiques demeures des familles patriciennes de la République florentine, au temps de sa prospérité.

Ces palais, construits à une époque de guerres civiles et en vue des nécessités de la défense, offrent un étrange mélange de sévérité et de magnificence, de rudesse et de grâce.

On voit encore, pendus à leurs épaisses murailles, les anneaux qui servaient de point d'appui aux barricades, les jours d'émotions populaires ou de combats entre Guelfes et Gibelins.

Les palais de Florence, comme ceux de Gênes, de Rome, de toute l'Italie, offrent une ordonnance assez uniforme : façade spacieuse, balcons grandioses, cour centrale entourée d'un portique, escalier monumental, salles immenses et splendides.

Le palais Pitti a un caractère plus moderne ; d'un côté, son imposante façade domine une large place; de l'autre, il regarde ces délicieux jardins Boboli qui rappellent un peu, par leur position accidentée, les parcs de Saint-Cloud et de Meudon : les jardins Boboli réunissent un luxe d'ornementation et un choix de sculptures remarquables.

Un monument expiatoire a été élevé à Galilée auprès du palais Pitti.

Pour connaître Florence sous tous ses aspects, il faut sortir souvent de ses murs, il faut gravir les mamelons qui la dominent aux divers points de l'horizon.

Quelle variété de sites offerte au touriste dans ses

excursions autour de la ville, à Pietraja, à Fiesole, à San-Miniato, à Bello-Sguardo!

Pétraja est une coquette villa du Grand-Duc; Fiesole possède une cathédrale fort ancienne; on admire à San-Miniato deux magnifiques églises.

Mais ce qui séduit surtout le touriste à Florence, ce qui fait le charme principal du séjour de cette ville, c'est la promenade dite *le Cascine*.

Le Cascine est une charmante prairie à la porte de la ville, resserrée entre l'Arno et le Mugnano, les deux fleuves de la vallée, qui se réunissent à son extrémité; de longues allées sillonnent la prairie parallèlement aux fleuves; de ces allées, l'œil embrasse l'enceinte des montagnes et les clochers de la ville : c'est un tableau du Décaméron.

Cette promenade est très fréquentée; chaque jour, de 4 à 6 heures, de nombreux équipages s'amoncèlent autour d'un rond-point central et y stationnent aux sons d'une musique militaire.

Le *beau monde* de Florence est surtout composé d'étrangers; c'est une colonie où toutes les nationalités d'Europe et d'Amérique ont leurs représentants.

Chose singulière! ici comme à Rome, comme à Naples, c'est la langue française qui sert aux communications des étrangers entre eux et avec les indigènes.

Les Anglais ont beau jeter leur or dans ce pays, l'idiôme saxon est trop rude pour une bouche italienne.

Au surplus, j'ai souvent éprouvé, en visitant l'Italie, une vive jouissance d'orgueil national.

La civilisation française règne dans la Péninsule; nos sentiments, notre littérature, nos usages, y dominent sans partage.

Il faut s'éloigner de la France pour apprécier le rôle qu'elle joue au milieu de l'Europe moderne.

Par la variété de son climat, par la clarté de son langage, par l'éclectisme de ses idées, par la tolérance de ses mœurs, elle est sympathique à tout ce qui l'entoure;

elle forme le trait d'union entre la race latine et la race germanique, entre le protestantisme et le catholicisme, entre le nord et le midi.

Au souvenir des *Cascine* s'unit intimement celui des *Fioraie.*

Aux abords de la promenade, de gentilles bouquetières, coiffées du chapeau de paille national, jettent gracieusement aux voitures qui passent des bouquets parfumés : c'est une offrande toute gratuite ; seulement...., le jour où le voyageur quitte Florence, il rencontre à la porte de son hôtel une blanche main qui lui tend un dernier bouquet, et un gracieux visage qui lui envoie un dernier sourire.

Ce bouquet et ce sourire reçoivent pour leurs aînés.

Je trouve cet usage charmant ; il entretient pendant tout le séjour de l'étranger une illusion dont on se fait volontiers le complice ; il permet de croire à l'intervention de quelque fée bienfaisante pourvoyant aux plaisirs de ceux qui visitent sa ville chérie.

Je voudrais qu'à Florence tout se fît gratis pendant huit jours, dût-on payer double à la fin de la semaine.

Florence possède des monuments et des objets d'arts nombreux : comment s'en étonner quand on songe qu'elle a été la ville de naissance ou d'adoption d'artistes tels que Michel-Ange, Brunelleschi, Jean de Bologne, André del Sarte, Benvenuto Cellini, et de tous les peintres de l'école dite Florentine !

La cathédrale, Sainte-Marie-des-Fleurs, est une immense et hardie création de Brunelleschi ; sa campanille et son baptistère sont remarquables, même après ceux de Pise.

Il faut citer en outre parmi les églises, l'Annunziata, toute incrustée de marbres et de stucs dorés, toute surchargée d'ornements ; Notre-Dame-del-Carmine, riche de peintures ; Santa-Croce, temple imposant de style, et rendu plus imposant encore par les tombeaux de Machiavel, de Galilée, de Dante, de

Michel-Ange, d'Alfieri ; Santa-Maria-Novella , parée
des œuvres de Giotto, de Cimabué et de Michel-Ange.

San-Lorenzo est surout remarquable par ses chapelles ; celle *des Médicis* est d'une somptuosité magnifique ; celle *des Tombeaux* a été bâtie et décorée par
Michel-Ange ; on y remarque les statues de l'*Aurore*,
du *Jour*, du *Crépuscule* et de la *Nuit*, chefs-d'œuvre
de ce grand artiste.

Enfin , on montre , dans deux anciens cloîtres, des
fresques renommées de Raphaël et d'André del Sarte.

A l'église de Santa-Maria-Novella est adossé un couvent dont les produits pharmaceutiques et hygiéniques
sont fort vantés en Italie.

Le public est admis dans cet établissement, dont le
luxe ferait honte à nos plus brillants magasins de parfu-
merie du boulevard et de la rue de la Paix.

On reçoit en entrant la *Nota e suoi prizzi dell'essenze,
pomate, spiriti, balsami, acque, liquori e altre pre-
parazioni dei padri domenicani di S. Maria-Novella
di Firenze.*

On trouve sur ce programme toutes espèces de re-
cettes : *olio per far crescere i capelli, oppiato per i
denti, pasta per blanchire le carni, polvere per pulire
i denti :* la mante, la rose, le musc, l'ambre, la lavande,
la bergamotte, la moëlle de bœuf, apparaissent là sous
mille formes.

Le moine qui préside à la vente indique très diser-
tement aux dames les avantages esthétiques de chaque
liniment, et la manière de l'employer.

Les deux Musées publics de Florence sont au Vieux-
Palais et au Palais Pitti.

Nous retrouvons au vieux palais des marbres antiques que les Médicis avaient réunis dans leur villa
de Rome et qu'ils ont transportés dans leur patrie,
quand ils y eurent assis leur puissance.

C'est toujours Rome ancienne qui reparaît ici dans
la *Vénus* dite *de Médicis*, ce prodige de grâce, dans les

Lutteurs, le *Faune dansant*, le *Rémouleur*, l'*Apollon*.

Ces cinq chefs-d'œuvre sont réunis dans cette salle si connue sous le nom de *la Tribune*; autour d'eux on a placé, comme pour leur faire cortège, les productions capitales des peintres modernes : un *Sainte-Famille* de Michel-Ange, deux *Vénus* du Titien, une *Sainte-Famille* du Parmesan, une *Vierge* d'André del Sarte, une *Vierge* du Guide, une autre de Paul Véronèse, une *Bacchante* d'Annibal Carrache, un *St-Jérôme* de Ribéra, six tableaux de Raphaël, qui sont deux *Saintes-Familles*, une *Dame florentine*, un *St-Jean*, le *pape Jules II*, et le célèbre portrait de la *Fornarina* ; un *Charles-Quint* de Van Dick, une *Vierge* du Corrège, une autre de Jules Romain, un *Hercule* de Rubens.

Cette accumulation de tant de chefs-d'œuvre dans une même salle nuit singulièrement à leur examen : l'œil est ébloui et l'attention distraite.

Le majestueux isolement des marbres du Belvédère me paraît bien plus favorable au recueillement qu'exige la contemplation de pareils prodiges.

L'art est illusion, et c'est surtout dans l'ordre moral que ses susceptibilités doivent être respectées.

Quand à Rome j'ai vu s'ouvrir subitement devant moi la porte de la loge qu'occupe seule la *Vénus* du Capitole, j'ai compris l'admirable mouvement de pudeur de cette femme surprise dans sa nudité, et j'ai presque rougi pour elle.

Mais quand à Florence j'ai vu la *Vénus de Médicis* exprimer le même sentiment au milieu d'un cortège de Faunes, d'Apollons et de Satyres qui la regardent éternellement, je me suis senti incrédule.

Au surplus, c'est un contraste étrange que la chasteté de cette Vénus en marbre et la lubricité de la Vénus sur toile du Titien : ici le sculpteur païen fait honte au peintre chrétien.

On voit encore au vieux palais le fameux groupe en marbre de la *Niobé*, d'autres nombreux et remarquables antiques, et des bronzes modernes de Benvenuto Cellini, Jean de Bologne et autres.

Au palais Pitti, la collection de peinture renferme une *Vierge* de Murillo, une *Madeleine* de Guerchin, la célèbre *Vierge à la chaise* de Raphaël, une *Vierge* d'André del Sarte, rivale de la précédente, les *Suites de la guerre* de Rubens, une *Ste-Famille* de Raphaël, une *Rébecca* du Guide, les *Parques* de Michel-Ange, deux *Ste-Famille* de Rubens, des batailles et des paysages de Salvator Rosa, deux *Annonciation* d'André del Sarte, un portrait de femme de Léonard de Vinci, une *Madeleine* du Dominicain, la *Vierge au baldaquin* de Raphaël, *Apollon et les Muses* de Jules Romain, une *Cléopâtre* du Guide, deux *Assomption* d'André del Sarte, une *Ste-Marthe* de Carlo Dolci, un *portrait de Femme* d'un anonyme, un *St-Sébastien* du Guerchin, etc., etc.

Les galeries du palais Pitti sont en même temps les salons du grand-duc : les riches meubles qui les garnissent, les magnifiques parquets et plafonds qui les ornent, s'adaptent admirablement aux chefs-d'œuvre dont les murs sont tapissés, et forment avec eux un merveilleux ensemble.

Il y a aussi une collection remarquable au palais Corsini et au palais des Beaux-Arts.

Enfin, le palais Ricciardi possède un magnifique plafond à fresque de Luc Giordano.

En quittant Florence, je vais quitter l'Italie ; c'est ici ma dernière grande étape.

J'ai beaucoup parlé des morts ; parlons un peu des vivants.

Quoique je sois allé en Italie rendre visite au passé bien plus qu'au présent, j'ai recherché, chemin faisant, les types assignés par les voyageurs et les physiologistes aux habitants des diverses contrées de la Péninsule.

Il me semble qu'ici comme partout ailleurs les distinctions s'effaçent, les races se confondent.

Il y a cependant quelques variétés de détails :

A Naples, l'homme du peuple est svelte de taille et souple de mouvement ; quand il sort de sa léthargie habituelle, c'est pour bondir comme une panthère ; sa physionomie est vive et mobile : sa compagne au contraire, est chétive et laide ; il est bien des phases dans la vie d'une femme où l'absence de soins et d'hygiène n'est pas compensée par la richesse du climat !

En revanche les Italiennes de Sorrente et de ses environs sont généralement jolies, œil et cheveux noirs, teint brun, visage ovale.

On affirme que les habitants des îles ont conservé la physionomie comme le costume des anciens Grecs ; soit ! mais des Grecs de la Béotie et non de ceux de l'Attique ; je me refuse à reconnaître dans ces grosses poupées les descendants d'Alcibiade et d'Aspasie.

Le moment est mal choisi pour observer la population romaine : les Français ne rencontrent guère là parmi le peuple que des regards irrités.

J'ai erré souvent dans les rues du Transtévère pour y surprendre quelques-unes de ces physionomies expressives qui ont fait la réputation de ce terrible faubourg ; j'ai rarement réussi dans mes recherches : l'apathie et la défiance sont les sentiments qui dominent sur les traits bronzés de l'homme du peuple des États-Romains.

Albano, si vantée pour la beauté de ses femmes, m'a paru jouir d'une réputation usurpée ; j'ai été plus heureux dans mes rencontres à Tivoli : était-ce le souvenir de Cynthie qui formait prisme à mon imagination ?

Les dames romaines ont la prétention de posséder les plus belles épaules de la chrétienté : j'ignore si les Françaises leur accordent cet avantage, et je ne me permettrai pas de faire une pareille concession sans leur assentiment, mais je sais qu'à leur tour mes compatriotes n'ont pas de rivales en Italie pour l'élégance de la taille et la distinction des manières.

A Florence, les physionomies populaires expriment le bien-être et le contentement, partant elles sont presque toutes gracieuses : le bonheur est comme le soleil, il embellit ce qu'il éclaire.

On vante beaucoup, et, suivant moi, on vante trop les villas d'Italie. J'ai vu ce que les environs de Rome et des autres grandes villes offrent de mieux en ce genre, la villa Borghèse, la villa Pamphili-Doria, la villa Torlonia et les résidences d'été du roi de Naples et du grand-duc de Toscane : aucun de ces lieux de plaisance n'est comparable, je ne dirai pas aux ravissants et incomparables sites de Chantilly, d'Ermenonville, de St-Cloud, de Trianon, de Chenonceaux, mais même aux nombreux parcs d'un ordre inférieur qui s'épanouissent sur les rives de nos fleuves et au pourtour de nos grandes villes.

Ce qui manque surtout aux villas d'Italie, ce sont les massifs de verdure : les arbres d'ici, oliviers, amandiers, chênes verts, figuiers, myrtes, grenadiers, orangers, lauriers, sont médiocres de taille et grêles de feuillage.

Les grands ombrages sont dans le nord : beau sujet de réflexion pour les optimistes de la création !

En revanche les pins-parasols, qui dominent tous les autres arbres, jettent un grand charme sur les campagnes.

Je n'ai rien à dire des gouvernements de cette contrée : ils m'ont laissé passer ; c'est tout ce que je leur demandais : il est vrai que leur bienveillance m'a coûté près de 200 francs en visas de passeport ; mais je me suis trouvé très heureux quand un Russe m'a appris qu'il avait compté 800 fr. à son czar pour un simple droit de sortie à la frontière slave.

L'Italie, défendue par deux mers et une chaîne de

montagnes, parlant une seule langue, vivant des mêmes souvenirs, pratiquant la même religion, partout semblable à elle-même par les mœurs, par le climat, par les instincts, semble offrir tous les éléments d'une nationalité homogène et libre......

J'ai visité les capitales des trois États *indépendants* de la Péninsule; j'ai trouvé les Suisses à Naples, les Français à Rome, les Autrichiens à Florence!...

Mercredi, 12 octobre.

Le trajet de Florence à Gênes nous a dédommagés des ennuis et des fatigues du voyage de Rome.

La route dite de la Corniche, resserrée entre la mer et les montagnes, offre les sites les plus pittoresques; à Spezzia, le golfe et les sommets blanchis des Apennins composent un tableau ravissant : c'est une des contrées les plus fécondes de l'Italie.

A Turin, ville lourdement correcte, nous avons visité un Musée qui contient des Albane et des Van Dick remarquables; mais notre attention est épuisée et la nostalgie s'empare de nous.

Le cabinet d'histoire naturelle vient de s'enrichir d'un gigantesque *mastodonde* trouvé sous les Apennins dans les fouilles du chemin de fer de Gênes; déjà, au cabinet de Florence, on nous avait montré un monstrueux *megatœrium* : j'allais bien en Italie pour rendre visite aux curiosités antiques, toutefois je ne m'attendais pas à rencontrer des objets d'une aussi haute antiquité.

Le Mont-Cenis s'était couvert de neige à notre approche; il nous a fallu dix heures pour le franchir; mais la patrie était devant nous!

La vallée qui mène du Mont-Cenis à St-Jean-de-Maurienne et à Chambéry offre des aspects imposants; on descend de ravin en ravin, de cascade en cascade, toujours longeant le torrent de l'Isère que dominent des pics gigantesques.

Voici le Pont de Beauvoisin! Voici la France! Douaniers, laissez passer : je rentre fort chargé de souvenirs, mais fort léger de bagages; les souvenirs ne paient pas le drawbach.

Qui que vous soyez, si vous voulez contempler le spectacle des grands efforts de la volonté humaine, le développement des caractères, la dignité des mœurs, le libre essor de la pensée, le vif sentiment de l'honneur national; s'il vous faut des routes commodes, de bonnes voitures et des tables proprement servies; si vous craignez la fièvre, les moustiques, la chaleur et les mendiants,..... n'allez pas en Italie.

Mais si vous avez conservé, à travers les distractions et les préoccupations de la vie réelle, le souvenir lointain des enthousiasmes de votre jeunesse; si la vue d'un fût corinthien se dressant sur un ciel d'azur vous fait tressaillir; si l'amour du *beau* dans sa forme la plus simple et la plus correcte vous anime encore; si vous vous plaisez à voir le marbre et la toile respirer et frémir...., oh! alors, visitez cette triple exhibition du génie humain qui s'appelle NAPLES, ROME et FLORENCE.

FIN.

www.ingramcontent.com/pod-product-compliance
Lightning Source LLC
LaVergne TN
LVHW022133080426
835511LV00007B/1125